Katja van Zoest

Was will die Mück im Äbbelwoi?

Für meinen Vater,
ohne ihn gäbe es diese Geschichte nicht.

Katja van Zoest

Bibliographische Informationen der Deutschen Bibliothek:
Die Deutsche Bibliothek verzeichnet diese Publikation in der Deutschen Nationalbibliographie;
detaillierte bibliographische Daten sind im Internet über http://dnb.ddb.de abrufbar.

© 2020 by Morlant-Verlag
Biengartenweg 1a
D-61194 Niddatal
E-Mail: info@morlant-verlag.de
Internet: www.morlant-verlag.de

Idee, Texte und Illustration: Katja van Zoest

1. Auflage, Niddatal, April 2020

Printed in Germany
ISBN 978-3-947012-12-1

Wie es zu der Geschichte kam...

Während ich hier schreibe, düst doch tatsächlich eine kleine Fruchtfliege um meinen hier vor mir liegenden, aufgeschnittenen Apfel herum, als wüsste sie genau, dass sie der eigentliche Star dieser Geschichte ist. Ja, wie kam ich zu der Geschichte und wo fange ich an? Wahrscheinlich liegt der Schlüssel zu all meinen Geschichten im Kopf in der Kindheit, wie so vieles. Also fange ich auch am besten da an.

Ich wuchs in einem Dorf am Rande des Taunus mit der Nähe zu Frankfurt am Main auf. Friedberg und Bad Nauheim in unmittelbarer Nachbarschaft, gut mit dem Rad erreichbar, aber hier – das war Dorf, das ist es noch immer, aber mittlerweile gibt es mehr als sieben Nachnamen...

Meine Kindheit kann man als wild-idyllisch beschreiben, das sage ich nicht nur so, das meine ich wörtlich. Denn zwischen dem Zauber blühender Obstbäume, der Nähe zum Wald, unzähliger Kirschen im Sommer lag die ein oder andere Wildsau abgezogen bei uns in der Badewanne. Zu meiner Belustigung kamen meine Freundinnen, wenn sie auf Toilette ins Bad mussten, oft kreischend oder leicht verstört wieder heraus. Eine prägende Zeit – wie einst unser Herr Pfarrer, gleichzeitig unser Nachbar, welcher sein neues Megaphon für die Fronleichnamsprozession an den Hasen ausprobierte, in dem er sich draußen im Garten vor die Ställe stellte und laut „Fuchsi" schrie. Alle seine Hasen hießen Fuchsi. Oder wir ärgerten unsere Katzen, in dem wir pfiffen. Das konnten sie nicht leiden, überhaupt nicht – und wenn wir den Fehler machten, uns längs in der Diele des Hauses hinzulegen und weiter zu pfeifen, dann bissen uns die Katzen in den Kopf, denn wir waren ja dann kleiner als sie und die Katzen somit mutiger. Also zogen wir selbstverständlich zum eigenen Schutz die Mopedhelme unseres größeren Bruders auf. Und pfiffen weiter, bis der Nachbar kopfschüttelnd vor uns stand. Warum ich das an dieser Stelle erzähle?

Ganz einfach, weil ich an diese Situation ein geruchsintensive Erinnerung habe. Denn wie ich da so in der Diele auf dem kühlen Boden lag, noch ohne Helm, stieg mir vom Keller her der Äbbelwoigeruch in die Nase – und ich konnte es glucksen hören. Oft sah man dann meinen Vater, übrigens kein Hesse, sondern ein, wie wir liebevoll zu sagen pflegten, „Emskopp" aus dem Norden, des Öfteren in den Keller verschwinden, um sich diverser, bei einem Freund gebrannter Obstler zu widmen oder vor den mit der golden gärenden Flüssigkeit gefüllten Glasballons stehen. Und wieder gluckste es...

Schon als Kind haben mich diese zauberhaft gebogenen, filigranen Gärröhrchen fasziniert. Diese Gerüche und Geräusche sollten mich noch verfolgen, bis ins sogenannte Erwachsenenalter. Ich zog also aus, wild auf das Leben, um zunächst in Mainz Druckgrafik zu studieren, schon da widmete ich mich gerne verschiedener Viecher und Insekten und betrieb nebenbei daher noch naturwissenschaftliche Zeichnung. Jedoch riet mir meine Professorin, mich eher der Illustration eigener Geschichten zu widmen, da meine gezeichneten Insekten eher verschroben, als streng naturwissenschaftlich daherkamen.

So ging ich nach Leipzig, um tatsächlich Illustration zu studieren, dort angekommen, kam mir das Leben dort so kurz nach der Wende äußerst skurril vor. Fabriken und Wohnungen standen einfach leer und man konnte quasi überall und nirgends wohnen. Alles war möglich. So lebte ich in jener Zeit in einer Abrisswohnung, einer Fabrik und auf einem nahen Biohof im Garten in einem Zirkuswagen, neben Obstbäumen, deren überreife Früchte auf dem Boden Fruchtfliegen anzogen. Da waren sie wieder – und in mir gärte eine Idee. So begann ich die Geschichte zu zeichnen.

Zeichnete weiter auf einer Alp in den Simmentaler Bergen, wo ich in den gesamten Semesterferien als Sennerin mit Ziegen arbeitete und Käse herstellte. Mücken, Fliegen und anderes Geschmeiß gab es da zuhauf.

Als ich dann ein Jahrzehnt in Frankreich und der Schweiz weilte, kam mir in dem turbulenten Leben um Kind, Kunst und Kleinkram die Mück abhanden. Der Äbbelwoi wurde durch Rotwein ersetzt und allenfalls kam mir in der Bretagne beim Cidre das Insekt wieder in den Sinn. Aber das ist nicht das gleiche.

Wieder in Deutschland angekommen, zog ich in das Dorf – gegenüber einer Straußwirtschaft. So viele Menschen sprachen mich immer wieder auf das Büchlein an und erinnerten sich. Die Betreiberin der Straußwirtschaft drängte regelrecht zu einer Ausstellung in deren Kulturscheune – wäre es doch das beste Ambiente...

So kramte ich die alten Zeichnungen unter gefühlten 100 Mappen wieder aus und musste feststellen, dass sie mir so nicht mehr gefielen. Ich ging also das ganze Thema neu an und zeichnete alles noch einmal. Und so kann man endlich nach Jahren das Resultat, welches ich dann doch zügig in wenigen Wochen durch zeichnete, sehen. Und nun viel Spaß damit, der Apfel ist mittlerweile verputzt und die Mück auf und davon...

Katja van Zoest

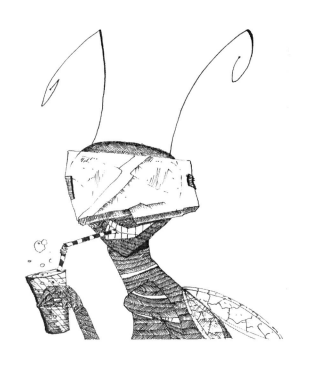

Es freut sich jeder Hessenbauer,
wenn der Äbbelwoi recht sauer.

Doch diese kleine Kreatur geht
ihm wider die Natur!

Als Essigfliege wohlbekannt,
hier wird sie einfach Mück genannt.

Siehst du die Mück im Äbbelwoi,
trink ihn nicht mehr, lass es sein.

Die Mück legt da die Eier ab
und treibt im Wein nur Schabernack...

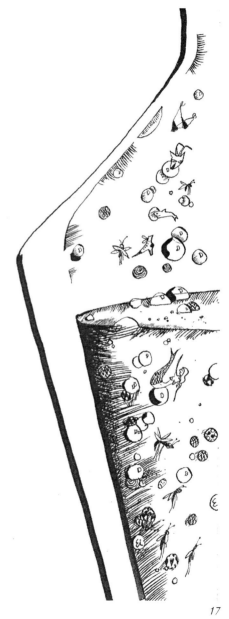

Doch Äppler-Bernd scheint sehr gewitzt,
da ein Gärrohr er besitzt.

Im Gärröhrchen ist Wasser drin,
Luft kann entweichen, das macht Sinn.

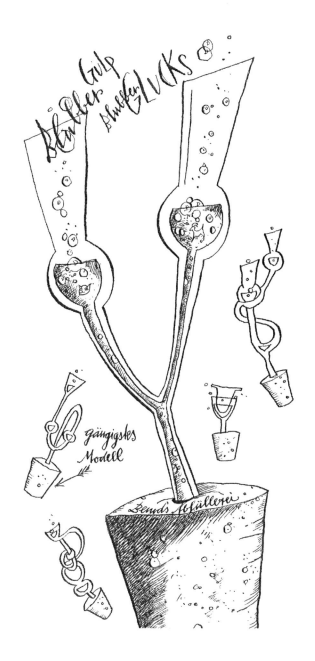

Die Essigmück muss draußen bleiben,
sich ohne Wein die Zeit vertreiben.

Aus den Flaschen gluckst die Luft,
verbreitet ihren Äpplerduft.

Da kommt der Mück just die Idee:
bald schwämme sie im Äpplersee!

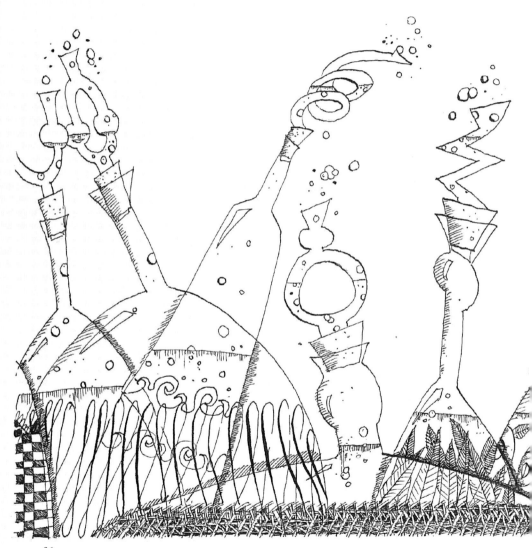

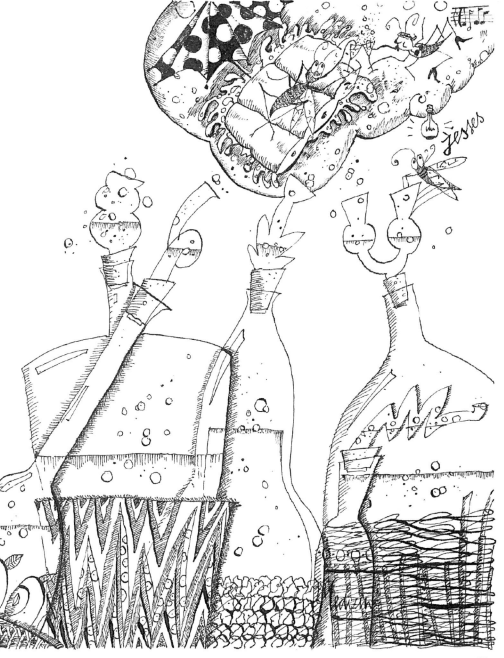

Ein Strohhalm für den Schnorchel dann
bindet die Mück am Kopfe an.

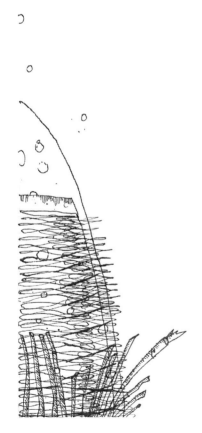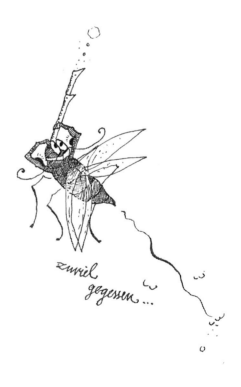

Ein Stück Scherbe sie nun findet
und Spuck mit Dreck zu Brei verbindet.

Dies Gefüg auch halten will,
hier zeigt sie uns die Taucherbrill!

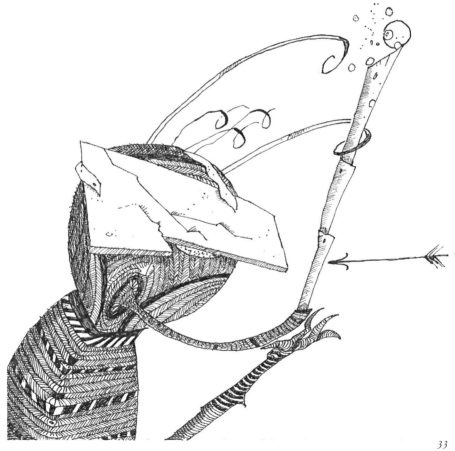

Drauf stürzt die Mück sich in die Flut,
ihr wird es schon ganz nass zumut!

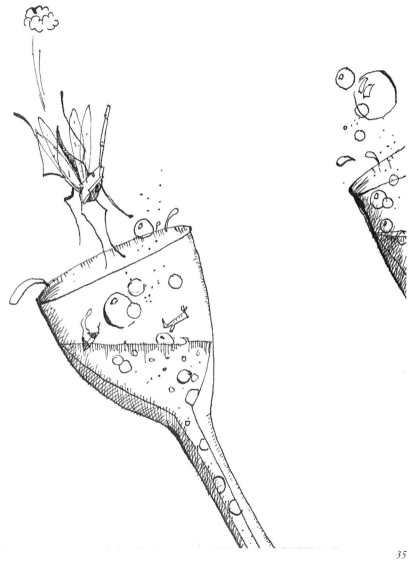

Riesen Strudel herrschen hier,
ihm wird ganz anders - dem Getier.

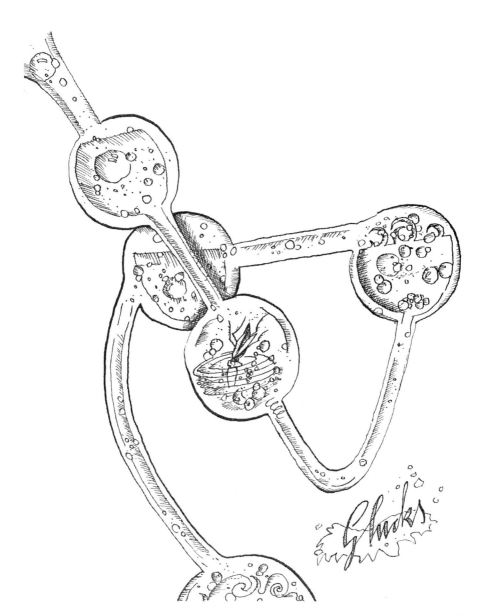

Und wieder - hörst du? Dieses Glucksen.
Die Mücke gibt von sich kein Mucksen.

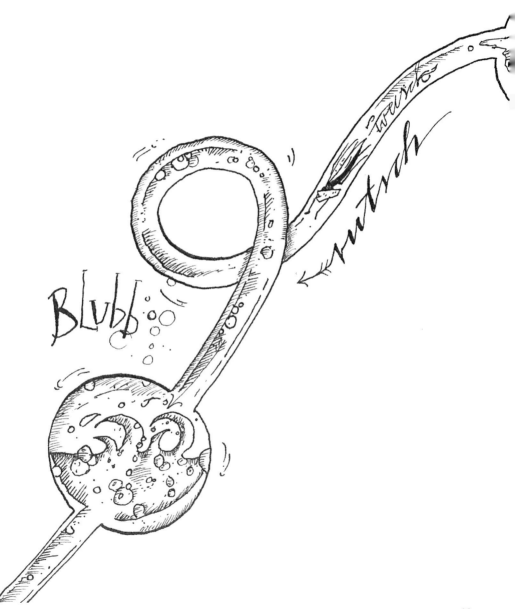

Mit einem Rutsch liegt sie im Weine.

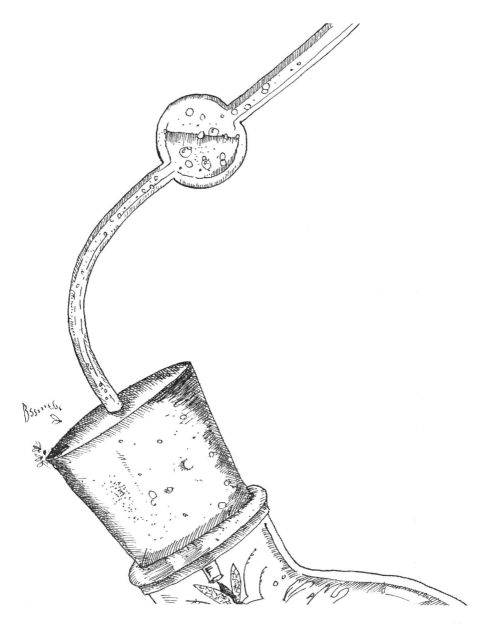

Streckt von sich die behaarten Beine...

Der Bernd nun in den Keller geht,
zu sehn, wie's um sein Äppler steht.

Kaum hat das Untier er entdeckt,
schreit er: „De Woi ist alleweil verreckt!"

Das Gärrohr schmeißt er in die Eck,
denn es erfüllt nicht sein Zweck.

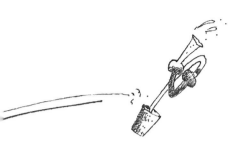

Das ganze Dorf kommt, um zu sehen,
wie dem armen Bernd geschehen.

Die Mück planscht froh im Äbbelwoi
und legt mal hie, mal da ein Ei.

Im Äppler findet sie die Ruh,
Bernd schmeißt die Kellertüre zu.

Viele kleine Mückelein sich
bald am Äbbelwoi erfreun.

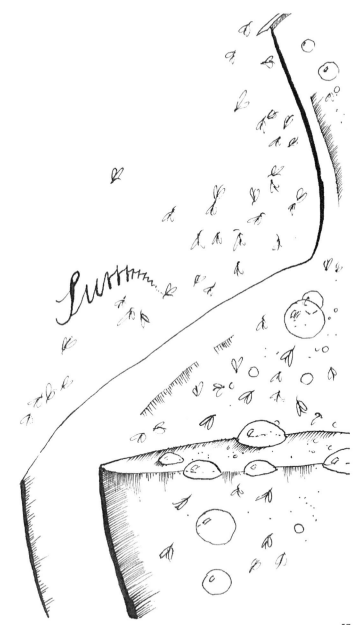

Doch der Bernd ist auch kein Thor,
erfindet fix ein neues Rohr.

Indes steigt in seinem Hause
des öfteren ne Äpplersause!

Und im nächsten Herbst sodann
fängt die Geschicht von vorne an...

Was die Moral dir sagen will?

Trau keiner Mück mit Taucherbrill!

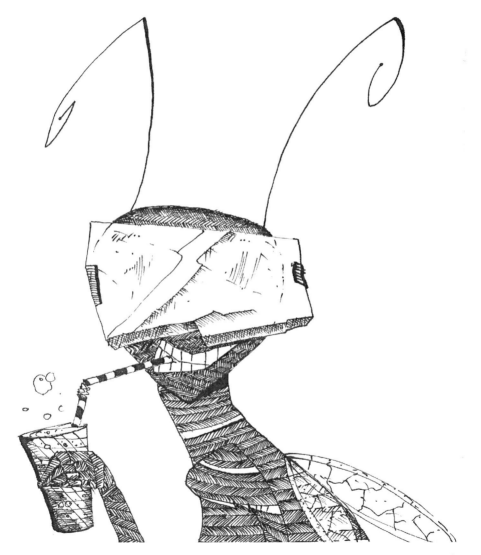

Katja van Zoest

Geboren 1970 in Friedberg Hessen, studierte sie Druckgrafik und Buchillustration in Mainz und an der Hochschule für Grafik und Buchkunst in Leipzig. Danach folgten 10 Jahre Aufenthalt in Frankreich, unter anderem in Paris, wo sie als freie Illustratorin für verschiedene Zeitschriften und Verlage tätig war, Kurse am Centre Culturel Georges Pompidou gab und in Lyon als Kursleiterin in der typografischen und druckgrafischen Werkstatt des Musee de l'Imprimerie arbeitete. Im schweizerischen Basel fungierte sie als Leiterin der Schuldruckwerkstatt der Basler Papiermühle, Museum für Schrift und Papier.

Seitdem sie Ende 2008 wieder mit ihrem Sohn in Friedberg Hessen lebt, arbeitet sie weiter mit französischen Verlegern, als auch hierzulande für verschiedene kulturelle Bildungsträger und Museen. Sie gibt Kurse für Papierschöpfen, Druckgrafik, Zeichnung, Kalligraphie und Malerei.

Des Weiteren arbeitet sie weiter als Illustratorin und Grafikerin.

Bereits 1997 erhielt sie für die Geschichte von der Äbbelwoimück den Spezialpreis der Hessischen Buchmesse im Ried.